L⁲⁷n 14873.

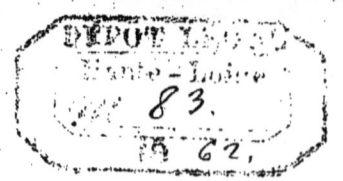

ORAISON FUNÈBRE

DE

Mgr Joseph-Auguste-Victorin DE MORLHON

ÉVÊQUE DU PUY

PRONONCÉE EN LA BASILIQUE-CATHÉDRALE DU PUY

LE 13 OCTOBRE 1863

Par M. l'abbé COUPE

Chanoine théologal

> *Justus autem, si morte præoccupatus fuerit, in refrigerio erit.*
>
> Mais, quand le juste mourrait d'une mort précipitée, il se trouverait dans le repos.
>
> (Liv. de la Sagesse, chap. IV, v. 7.)

MESSEIGNEURS (1),

MES FRÈRES,

Ce n'est point un éloge, une oraison funèbre que je viens vous faire entendre, comme on pourrait le croire de ma présence dans cette chaire, au milieu de ce lugubre appareil. Pour un sujet si riche et si étendu, ce ne serait pas seulement le temps, mais le talent et les forces qui me feraient défaut.

Non, mes Frères, ma mission est plus modeste : je

(1) NN. SS. les Evêques de Mende et de Saint-Flour.

viens simplement, membre comme vous d'une famille orpheline, mêler mes larmes aux vôtres, et en vous entretenant de la perte d'un père si digne de nos regrets, vous communiquer, s'il est possible, et me donner à moi-même la seule consolation qui puisse adoucir l'amertume de nos pleurs, celle qui naît de la confiance qu'une vie si sainte, si utilement employée, aura été bénie dans le ciel, comme elle l'est sur la terre, par cette voix universelle qu'on a appelée avec tant de raison la voix de Dieu.

Laissez-moi, mes Frères, vous en retracer en peu de mots quelques-uns des traits les plus propres à nourrir dans nos cœurs cette confiance à la fois chrétienne et filiale.

L'apôtre saint Paul, parvenu au terme de sa carrière, s'encourageait lui-même dans la pensée du compte qu'il allait être bientôt appelé à rendre à Dieu de sa laborieuse mission, par le témoignage que lui rendait sa conscience, qu'il avait dignement soutenu les combats du Seigneur, gardé intact le dépôt de la foi. *Bonum certamen certavi, fidem servavi.* Et, s'adressant, non pas seulement à la miséricorde, mais à la justice de son juge, il attendait fermement la couronne promise à sa fidélité. *In reliquo reposita est mihi corona justitiæ quam reddet mihi justus judex.*

Qu'importe qu'un coup subit n'ait pas permis à notre saint Prélat de se rappeler à lui-même, à sa dernière heure, tous les titres que son apostolat parmi nous pouvait lui offrir à la part réservée à ceux qui ont fait et enseigné? Ne lui a-t-il pas suffi de les avoir mérités? Ont-ils cessé d'être inscrits dans le livre du ciel, parce qu'un suprême effort de zèle et de charité, en brisant son existence, a ajouté à l'auréole du pasteur le mérite de la victime?

Anges de la paroisse de Retournac, vous qui aviez envoyé jusqu'aux cieux vos chants de triomphe et d'allégresse, à la vue d'une multitude de pécheurs convertis à la voix de nos fervents missionnaires, vous aurez redit aussi dans les parvis éternels ces derniers accents par lesquels l'Evêque, apôtre et missionnaire, peu soucieux de ses forces et de sa santé, pourvu qu'il répandît son cœur, tenait suspendue à ses lèvres une foule qu'il voulait fortifier du pain de la divine parole avant de la laisser aux prises avec de nouvelles épreuves. Hélas! ce dernier effort devait lui coûter la vie. Mais qu'il a vaillamment combattu le soldat de Jésus-Christ enseveli dans son drapeau! Quel magnifique suaire la mort est venue lui faire, la mort qui, quelque rapide qu'elle soit, n'a pas de surprise pour le juste, qui ne pouvait pas en avoir pour l'Evêque toujours prêt à se dépenser pour la gloire de Dieu, l'honneur de l'Eglise et le salut de son peuple.

Ecartons donc toute inquiétude, tout doute sur une fin que, pour tout autre, nous pourrions appeler tragique, mais qui pour une âme si pure, si détachée des choses de la terre, une âme nourrie le jour même du pain des Saints, du viatique du salut, n'a pu être qu'un essor plus rapide vers la béatitude céleste.

Telle était, du reste, mes Frères, la disposition habituelle de notre saint Prélat. Jamais homme ne s'appartint moins à lui-même. Il suffisait qu'il eût le sentiment d'un ministère à remplir, d'une bonne œuvre à opérer, pour que toute considération d'intérêt personnel s'effaçât à ses yeux.

Combien de fois ne l'a-t-on pas vu, malgré toutes les remontrances de ceux qui, lui tenant de plus près, pouvaient avoir plus d'influence sur ses déterminations, malgré les prescriptions les plus formelles de ses médecins, braver la maladie, la souffrance, s'exposer à l'intempérie des saisons, au rude climat des montagnes, pour porter dans les paroisses les plus reculées, avec la consolation et la joie de sa présence, les bénédictions attachées à l'éminence de son caractère! Hélas! trop souvent l'indisposition du corps n'avait pu répondre à l'héroïsme de ses sentiments, et on fut obligé, dans plus d'une occasion, de l'arracher, défaillant et presque mourant, à des fonctions que sa seule préoccupation était d'être forcé d'interrompre.

Mais du moins le séjour dans ses foyers, une santé meilleure parvenaient-elles à lui procurer un peu de repos? Le repos, mes Frères, notre bon Evêque ne le connut jamais. Sa porte, toujours ouverte aux nombreux visiteurs qui ne cessaient de l'assiéger, laissait entrer indistinctement et ceux qui venaient lui parler d'affaires et ceux qui n'avaient d'autre motif que d'entretenir avec lui des rapports dont on ne pouvait assez louer l'exquise aménité, et puis les pauvres, ses meilleurs amis, dont nous aurons bientôt à parler. C'est au milieu de ces mille détails d'une représentation qui absorbait une partie notable de son temps, que l'homme de Dieu et de ses frères devait souvent, au prix de ses nuits, trouver la place de ses exercices de piété qu'il n'omettait jamais, quelles qu'eussent été les occupations de la journée, et se livrer aux soins d'une administration qui à eux seuls suffisent pour occuper une vie tout entière. Et cependant, la récréation, le loisir, un exercice modéré lui étaient commandés comme une condition indispensable à la prolongation de son existence. Il le sentait, il en convenait volontiers; mais affliger par un refus d'audience la moindre de ses brebis, mais faire attendre une consolation, un secours, ne pas répondre à une politesse, à une avance.... jamais son cœur n'avait pu se résigner à ce genre de sacrifice.

« Je succomberai à la peine, disait-il quelquefois ; mais s'il convient à un Empereur de mourir debout, ne convient-il pas mieux à un Evêque de mourir esclave et victime de son devoir ? » Cruelle prédiction qui ne devait que trop se réaliser.

Voilà le soldat au combat, voilà le *bonum certamen*, le combat vaillant, le combat soutenu jusqu'à la fin.

Bonum certamen certavi.

Si nous le considérons maintenant sous un autre aspect, par rapport à la foi dont il a si dignement conservé le précieux dépôt, *fidem servavi*, que n'aurions-nous pas à dire de son amour pour la personne adorable de Notre-Seigneur, et pour l'Eglise qui en est sur la terre la visible expression ?

Je passe sous silence ces mandements, ces instructions pastorales, si remplies de l'esprit de piété, de la douce onction dont son cœur débordait.

Avec quelle sollicitude filiale ne suivait-il pas toutes les phases des événements qui intéressaient l'indépendance ou la sécurité du Souverain Pontife, de notre immortel Pie IX ? Quel zèle à lui procurer, avec les prières de son clergé, de ses communautés religieuses, de tous les fidèles de son Diocèse, les offrandes demandées à leur charité. Et comme en fait de cotisations volontaires, l'exemple est tout ce qu'il peut y avoir de plus persuasif, quelle admirable prodigalité s'échappait de ses mains pour augmenter le trésor de tous, jusqu'au dernier épuisement de ses ressources ?

Cependant la voix du Pontife Suprême vient de retentir dans tout l'univers catholique. Pie IX appelle autour de son trône tous les Evêques pour l'assister dans un des actes les plus imposants et dans lequel se révèle avec le plus de splendeur le pouvoir que le Seigneur a confié à son Eglise, jusques dans les choses du Ciel, la canonisation des saints Martyrs japonais. A cet appel, le cœur de l'Evêque du Puy a tressailli à l'unisson de ceux de ses dignes collègues, sur lesquels nos regards aiment à se reposer avec un double sentiment de vénération et de reconnaissance ; mais cette fois encore la maladie semble opposer un obstacle insurmontable à des désirs d'autant plus vifs qu'ils paraissent plus contrariés. On fait de vains efforts pour le retenir. Sa résolution est prise: il faut qu'il aille à Rome, qu'il porte sa part de consolations, de respectueuse sympathie au Vicaire de Jésus-Christ.

Confiant dans la Providence pour l'accomplissement de ce qu'il regarde comme une impérieuse mission, il part, pouvant dire avec saint Paul, qu'il ignore ce qui l'attend dans son voyage, mais prêt à tout événement, pourvu qu'il obéisse à la volonté du Ciel et aux inspirations de sa conscience de fils et de prince de l'Eglise.

Dieu permit que nos appréhensions fussent vaines et qu'elles se terminassent bientôt par la joie d'un heureux retour.

Qu'il fut beau, mes Frères, ce jour où il nous fut donné de revoir notre Père, le front rayonnant de bonheur, dans ce même temple où il ne reste aujourd'hui de lui qu'une froide dépouille; de l'entendre, en échange des félicitations que nous lui adressions par nos principaux organes, Monsieur le Doyen du Chapitre et l'un de Messieurs les Vicaires-généraux, nous exprimer avec cette sensibilité, cet élan qui donnaient tant de charme à sa parole, la joie qu'il éprouvait d'être rendu à ses enfants, de leur apporter, pour prix de tant de vœux, de tant de prières dont il avait été l'objet, les bénédictions qu'il venait de puiser à la source de toutes les faveurs spirituelles, dans le cœur du Vicaire de Jésus-Christ. Qui nous l'eût dit alors.... Mais il faut que je poursuive la tâche que je me suis laissé imposer et que j'achève de crayonner la pâle esquisse que je vous ai promise, des vertus qui ont brillé avec plus d'éclat dans cette carrière trop tôt finie.

Il en est une, mes Frères, que l'Esprit-Saint lui-même nous représente comme la plus sûre garantie contre les incertitudes du salut : l'amour et le soin des pauvres.

Heureux, dit le Roi Prophète, heureux celui qui a l'intelligence des besoins de l'indigent : le Seigneur le délivrera dans les jours mauvais. *Beatus qui intelligit super egenum et pauperem, in die malâ liberabit eum Dominus.*

Or, dire que Monseigneur posséda au plus haut degré cette compassion envers les malheureux, que ses mains furent toujours ouvertes pour les secourir, c'est répéter ce qui est dans toutes les bouches, ce que redisent, dans l'amertume de leurs regrets, dans leur inquiète sollicitude pour l'avenir, ceux qui trouvaient dans l'inépuisable trésor de sa charité le pain, le vêtement, et ces misères qui se cachent aux yeux du monde sous une apparente aisance.

Or, vous comprenez, mes Frères, tout ce qu'il était facile d'obtenir d'un homme pour qui l'argent n'était rien que par l'occasion de le répandre. Aussi, que ne savons-nous pas de ses bienfaits, malgré tout le secret dont il cherchait à les couvrir !

Des familles, dont il s'était fait le tributaire, et qu'il pensionnait à des époques réglées; des enfants placés dans des écoles, ces écoles elles-mêmes ne subsistant que par ses largesses; nos pauvres églises, recevant de sa munificence tantôt des fonds pour aider un curé au bout de ses ressources à embellir un autel, à se procurer un vase sacré, quelquefois des ornements, dont il faisait chaque année une large distribution. Partout, et sous toutes les formes, ses secours allaient chercher tous les besoins, toutes les détresses; partout sa compassion et ses bienfaits étaient acquis à quiconque venait les implorer.

Ce tendre sentiment qui, depuis longtemps, avait confondu son nom avec celui de père des pauvres, n'était pas seulement, dans notre admirable prélat, l'effet d'une vertu qui compte avec raison parmi les plus saints devoirs d'un Evêque, de précéder dans la charité ceux qu'il doit précéder dans la pratique de toutes les prescriptions de la loi de Dieu. La Providence lui avait donné un cœur si bon, si aimant, qu'il aurait résisté à sa nature s'il s'était montré moins empressé à faire tout le bien qui se présentait.

Que Monseigneur ait été bon, qu'il l'ait été jusqu'à l'excès, c'est ce que proclament à l'envi, non-seulement la voix des pauvres, les diverses œuvres qu'il a fondées ou entretenues, mais toutes les personnes qui ont eu à traiter avec lui; celles avec lesquelles il n'a eu que de simples rapports de bienséance, s'unissent dans une commune expression pour l'appeler *le bon, l'excellent Evêque.*

Quel mot a été le plus souvent répété dans la foule qui, pendant ces jours de deuil, accourait avec tant d'empressement lui porter le dernier tribut de ses regrets et de ses hommages? Comment commencent, comment finissent tous les éloges prodigués à sa mémoire? Partout sa bonté est rappelée, exaltée, quand elle n'est pas particulièrement bénie par ceux qui en ont été l'objet. Et tout à l'heure, mes Frères, pourquoi y a-t-il dans les yeux tant de larmes, tant de soupirs sur les lèvres? Interrogez ceux qui se pressent dans ce saint lieu et ceux qui stationnent au dehors. Ah! vous dirat-on de toutes parts, il était si bon, notre pauvre Evêque!

C'est que, mes Frères, il y a en effet dans la bonté, lorsqu'elle se rencontre dans une haute position, quand elle est unie à un beau caractère, un charme qui gagne toutes les affections, qui fait tomber toutes les préventions, qui va jusqu'à subjuguer la haine.

C'est à ce naturel heureux, perfectionné par la religion, qui l'avait élevé jusqu'aux hauteurs les plus sublimes de la charité, que Monseigneur a dû de ne pas avoir un seul ennemi, de ne pas avoir entendu une seule voix qui osât s'attaquer à sa personne. C'est ce qui lui a valu d'entretenir toujours avec les représentants du pouvoir, même dans les jours les plus mauvais, cette paix, cette bonne entente si désirable pour le bien de la religion et de la société, entre le sacerdoce et l'empire. C'est ce qui lui avait mérité dans tous les rangs de l'administration cette estime, cette affection qui, dans le premier magistrat du département, se sont surtout manifestées par des traits dont le pays auquel il s'est si dignement associé lui gardera le plus doux comme le plus profond souvenir.

Mais c'est surtout avec son clergé qu'il fallait le voir dépouiller tout ce que sa dignité pouvait imposer de respect et de réserve, pour descendre à la familiarité d'un frère, provoquant l'expansion, la gaîté par l'exemple qu'il en donnait lui-même.

Avec quel tendre intérêt il accueillait ceux qui venaient lui communiquer leurs peines, les difficultés de leur position! Il s'affligeait avec eux, il recherchait avec une sollicitude, une patience dont rien ne pouvait le distraire, les moyens de les soulager, et presque toujours, son esprit fécond en ressources, son sens pratique si droit, si éclairé lui en fournissaient l'occasion.

Qu'est-il besoin d'ajouter que tout était bien vite terminé, quand il ne s'agissait que d'un secours matériel ? Ah! plût à Dieu, disait-il souvent, que toutes les questions pussent se résoudre par de l'argent! On sentait, en effet, qu'il lui eût été plus facile de se dépouiller que de se montrer sévère. Aussi cette pénible épreuve lui a-t-elle été épargnée. Il régnait avec trop d'empire, cet empire qui est le plus volontiers accepté, le seul peut-être irrésistible, celui de la douceur, de la bonté, pour qu'il se trouvât parmi ses prêtres une âme assez lâche pour l'affliger.

J'ai hâte, mes Frères, d'arriver au dernier motif de la consolation que je vous ai promise, à ce dernier fleuron de la couronne de notre saint Evêque, et dans le temps et dans l'éternité. Je veux parler du monument érigé par sa piété en l'honneur de l'auguste Reine des Cieux.

Certes, mes Frères, si, d'après le témoignage des Pères de l'Eglise, après l'assurance si positive que nous donne l'illustre S. Bernard, que ceux qui ont mis leur confiance dans Marie, qui se sont placés sous l'invincible égide de sa maternelle protection, arriveront infailliblement au port du salut ; si l'illustre abbé de Clairvaux, oubliant pour son compte tant d'autres titres à la récompense céleste, va jusqu'à appeler cette confiance en Marie l'unique raison de son espérance, *hæc tota ratio spei meæ*, que ne devons-nous pas attendre pour notre Père, lui qui ne s'est pas contenté de l'invoquer, de la louer, de l'exalter dans toutes les circonstances qui se sont offertes pendant un épiscopat de seize ans, mais qui a voulu encore la glorifier, comme personne avant lui n'en avait conçu la pensée.

Qu'il y a loin, mes Frères, de cette première idée échappée à l'improvisation d'un célèbre prédicateur, de ce que nous appelions alors un rêve poétique traversant un moment une pieuse imagination pour aller bientôt se perdre dans l'oubli, à cette magnifique réalisation du chef-d'œuvre qui, sous le nom de Notre-Dame de France, a fait de la ville du Puy comme la capitale du culte de Marie, et qui perpétuera avec son nom, celui de l'immortel ouvrier à qui il a été donné de l'entreprendre et de l'achever.

Je ne vous rappellerai pas, mes Frères, de quelles tribulations, de quels sacrifices il a fallu que notre Evêque payât cette gloire du Velay. L'histoire de l'œuvre a été écrite ; elle est dans toutes les mains, et il est inutile de rappeler ce que personne n'ignore. Enfin il a pu voir le fruit de ses pénibles labeurs.

Elle est là cette douce et noble image, parlant à tous les esprits, à tous les cœurs le langage que chacun se plaît le plus à entendre : aux chrétiens, la paix, la miséricorde, le secours dans toutes les tribulations, toutes les douleurs; à l'artiste, au curieux, montrant avec le site le plus gracieux, le plus pittoresque, le grandiose uni à la beauté la plus pure dans une pose, des traits, un mouvement, une vie, qui semblent être le dernier mot de la sculpture ; à l'orgueil national, et qui oserait s'en dire tout-à-fait exempt, le canon de l'ennemi conquis par la victoire et grâce à la munificence du Souverain, si bien fait pour apprécier les grandes choses, passant des murs d'une ville conquise dans les creusets du fondeur, pour devenir à la fois le trophée de la religion et celui de nos armes.

O mes Frères, disons-le encore : qu'il y eut d'inspiration dans ce cœur d'Evêque pour réunir dans la même œuvre tant d'idées étonnées de se confondre, de s'unifier dans une même fusion !

Et maintenant, mes Frères, pour revenir à notre idée principale, Marie toujours si indulgente, si facile envers les plus grands pécheurs, qui ont attendu l'heure de la dernière détresse pour lui adresser un soupir, Marie n'aurait pas tendu ses mains maternelles à un fils qui lui laisse sur la terre la plus haute expression de foi et d'amour qu'il soit possible à un cœur humain de concevoir? Non, non, mes Frères, gardons-nous d'une pensée si contraire à ce que l'enseignement de l'Eglise, les monuments des âges, les faits les plus authentiques de l'histoire nous font un devoir de croire de celle que nous appelons notre refuge, notre espérance, notre vie. Mettons donc un terme à nos larmes. Ne cherchons plus notre père sous ces voiles funèbres, il n'est pas dans ces tristes débris de la mort. *Quid quæritis inter mortuos.* Il est au ciel avec le saint fondateur de notre Eglise, avec ceux de ses glorieux prédécesseurs dont il a égalé ou surpassé les travaux dans ce champ où il est venu à son tour ajouter à leurs sueurs, et qu'il aurait voulu féconder de son sang.

Saint Pontife! Père chéri autant que vénéré. pardonnez si, dans une tendresse peut-être trop humaine, nous nous sommes plutôt préoccupés du vide que vous nous laissez que de la félicité dont vous jouissez dans le lieu du rafraîchissement et du repos, l'unique but où tendaient, avec toutes les aspirations de votre cœur, les persévérants efforts de votre zèle et de vos sacrifices. Au lieu de pleurer une mort qui n'a été pour vous que le prélude de la résurrection et de la vie, que ne songeons-nous à préparer la nôtre, en composant à votre exemple le trésor de nos œuvres, pour vous retrouver un jour dans la céleste patrie!

Du haut du Ciel, où nous avons la confiance que vous êtes entré, continuez de veiller sur le troupeau que vous avez tant aimé. Obtenez pour les Pasteurs que vous reviviez dans chacun de nous par votre esprit et surtout par votre cœur.

Veillez aussi sur cette bonne ville du Puy, que vous avez trouvée dans toutes les circonstances si docile à votre voix, si empressée à seconder vos vœux, à prévenir même vos désirs dans la manifestation de sa foi, de son antique fidélité au culte de Marie et aux vieilles traditions de son histoire.

Veillez sur tout ce diocèse qui n'a en ce moment qu'une âme et une voix pour vous invoquer et vous bénir.

Ainsi puissions-nous ressentir les salutaires effets d'une affection qui, loin de nous avoir été ravie, ne doit être que plus intense et plus efficace, confondue qu'elle est avec l'éternelle charité.

Ainsi soit-il ! ! !

On lit dans le *Monde* :

« On nous écrit du Puy, à la date du 7 octobre :

» Une désolante nouvelle, à laquelle nous étions loin de nous attendre, est venue ce matin jeter notre ville dans la consternation.

» Nous avons appris que Mgr de Morlhon, notre Evêque bien-aimé, que nous espérions revoir, plein de vie, après une courte absence, était mort subitement dans sa voiture, hier au soir, à quelques lieues de sa ville épiscopale. Sa Grandeur nous avait quittés, il y a peu de jours, pour aller à Châlons-sur-Saône, remplir auprès d'un membre de sa famille un office de charité. Mais ce bon pasteur, toujours préoccupé, même durant ses rares absences, du soin de son troupeau, avait hâté son retour pour pouvoir présider à la clôture d'une mission donnée durant ces dernières semaines par le R. P. Gury et deux autres Pères de la Compagnie de Jésus, dans la paroisse de Retournac. Pour arriver le jour de la clôture, il avait fallu voyager toute la nuit; mais le zèle de Monseigneur l'avait si bien soutenu, qu'il ne paraissait pas se ressentir de cette fatigue.

» Arrivé à Retournac à neuf heures du matin, il adressa quelques mots aux fidèles, dit la sainte messe, et annonça qu'il parlerait encore le soir. Le soir, en effet, il fit, du pied de la croix, une nouvelle allocution à la foule considérable que cette cérémonie avait attirée. Ceux qui l'ont entendu assurent que jamais sa parole n'avait été plus touchante.

» Le lendemain était le jour marqué pour la confirmation. Mgr de Morlhon parla encore, et accomplit sans aucune fatigue apparente cette cérémonie, qui dura trois heures.

» Après le dîner, il fallut recevoir les compliments des enfants dans une salle trop petite pour l'assistance qui y était rassemblée, et Monseigneur avoua en sortant qu'il éprouvait un certain malaise. Il voulut cependant repartir, et assura bientôt qu'il se trouvait mieux.

» Il dit son office dans la voiture, et c'est en accomplissant ce devoir sacerdotal qu'il fut frappé du coup qui paraît l'avoir emporté subitement. Il poussa un soupir, se pencha sur l'épaule de son frère, M. l'abbé de Morlhon, et ne donna plus aucun signe de connaissance.

» Le R. P. Gury, qui était tout auprès, se hâta de donner l'absolution à l'auguste moribond, et le curé de Rosières accourut pour lui conférer les onctions suprêmes; l'un et l'autre ont cru remarquer quelques indices de vie, tandis qu'ils conféraient au vénérable prélat ces derniers secours de la religion.

» Du reste, nous avons tout lieu de penser que ces secours n'étaient pas nécessaires. Si la mort de Mgr de Morlhon a été subite, elle n'a pas été imprévue. Atteint depuis quelque temps par une affection de cœur très-grave, il ne se dissimulait pas le danger qu'il courait d'être subitement emporté. Aussi sa vie était-elle la meilleure de toutes les préparations à la mort.

» Profondément pieux, il professait surtout les deux dévotions qui donnent au chrétien les garanties les plus certaines d'une bonne mort, la dévotion au Sacré-Cœur de Jésus et la dévotion à saint Joseph. Tous ceux qui l'entouraient savent qu'il poussait presque jusqu'au scrupule la délicatesse de conscience. Nous ne pouvons donc douter que Dieu, en le retirant soudainement de ce monde, ait eu plutôt pour but de lui épargner les douleurs de sa dernière maladie, que de lui ôter les moyens de se préparer à la mort.

» Mais si nous ne sommes pas inquiets, nous avons bien sujet d'être affligés. Celui que nous perdons était, pour tout son diocèse, plutôt un père qu'un supérieur.

» Son épiscopat laissera de profondes traces dans les annales de notre église, et formera une des plus belles pages de la glorieuse histoire de Notre-Dame du Puy.

» Et combien d'œuvres utiles n'eût-il pas créées encore, si sa vie se fût prolongée quelques années de plus! Nous savons qu'il était sur le point d'instituer dans son diocèse l'adoration perpétuelle du Saint-Sacrement. Avec le reste du métal donné pour la statue de Notre-Dame de France, il avait dessein d'ériger sur le rocher d'Espaly une statue héroïque de saint Joseph, son patron : il avait fait, pour atteindre ce but, toutes les démarches préliminaires, et rien ne semblait plus pouvoir s'opposer à l'exécution de ce projet, que sa mort, nous l'espérons, ne fera point abandonner. Mais déjà l'illustre prélat avait fait assez d'œuvres utiles pour que sa mémoire soit impérissable au milieu de nous. C'est lui qui a eu la gloire de rendre à ce diocèse, toujours si fidèle au Saint-Siége, la liturgie romaine, supprimée à la veille de la grande révolution, malgré les plus vives réclamations du clergé; c'est lui qui a sinon établi, au moins propagé parmi nous le culte du Sacré-Cœur de Jésus; c'est lui, enfin, qui a élevé sur la montagne d'Anis cette colossale statue qui fait l'orgueil de notre cité et l'admiration du monde. Désormais le nom de Mgr de Morlhon est inséparable de celui de Notre-Dame de France.

» Naguère, dans la réunion solennelle des Evêques à Rome, Pie IX salua Mgr de Morlhon du beau titre d'Evêque de la sainte Vierge, *Vescovo della Madonna*. Ce titre, il l'a porté au ciel, et nous pouvons espérer que Jésus-Christ, ratifiant les paroles de son Vicaire, a présenté lui-même à Marie celui qui a érigé à sa gloire la plus magnifique image que la main de l'homme ait sculptée. »

Pour extrait : Barrier.

LE PUY, TYP. ET LITH. MARCHESSOU.

www.ingramcontent.com/pod-product-compliance
Lightning Source LLC
Chambersburg PA
CBHW071434060426
42450CB00009BA/2170